****

****

****

CONTEMPLATIONS ET FANTAISIES

****

****

****

Patrick Édène

© 2025 Patrick Edène
Édition : BoD · Books on Demand, 31 avenue Saint-Rémy, 57600 Forbach, bod@bod.fr
Impression : Libri Plureos GmbH, Friedensallee 273, 22763 Hambourg (Allemagne)
ISBN: 978-2-3225-2358-0
Dépôt légal : Décembre 2025

Nous sommes dans l'univers, donc l'univers est en nous !
Patrick Édène

Écrire, c'est comme peindre par des mots le tableau de son âme !
Patrick Èdène

PRÉSENTATION

Je précise, ci-dessous, les motivations qui m'ont fait choisir une forme poétique personnelle plutôt que celle à laquelle elle ressemble et qui est nommée classique.

Ce qui m'intéresse en poésie, c'est que les nombres réguliers des syllabes des vers et les fins de ces vers écrites en rimes font, pour ainsi dire, chanter les concepts des poèmes dans l'esprit de celui qui les lit. Ainsi, l'œuvre emporte le lecteur au cœur de mélodies sonores et conceptuelles qui peuvent alors faire écho au chant divin de son âme. La poésie libre étant le plus souvent sans rimes et sans nombres réguliers de syllabes, elle ne peut donc me convenir à l'instar de la poésie classique trop codifiée.

Par conséquent, j'aime que mes écrits riment, que les syllabes des vers harmonisent le poème et qu'ainsi les sons et les sens des mots s'unissent dans un accord étroit pour créer une symphonie poétique ! Cela exprimé, les règles que j'emploie faisant partie de la poésie classique, elles me confrontent à ses autres règles complexes que je considère excessives et que je ne cherche pas à appliquer. Ces règles ont été précisées et codifiées par François de Malherbe (1555-1628) et Nicolas Boileau (1636-1711), et ont donc été appelées la poésie classique.

Selon mon propre calcul, j'applique un même nombre de syllabes pour les vers d'un poème, les élisions qui sont les non comptages des syllabes des fins de mots en « e » devenant, ainsi, des syllabes muettes si elles se trouvent devant un autre mot qui commence par une voyelle et les rimes que j'essaie de rendre parfaites.

Mais je ne veux pas, par exemple, limiter ma créativité par les formes fixes de la poésie classique telles que sonnet, pantoum, ballade, triolet, villanelle, rondeau, rondel, lai, iambes et terza rima. Leurs structures pourraient réduire les possibilités des précisions conceptuelles que je jugerais primordiales pour mon œuvre. De temps à autre, certes, par plaisir du challenge ou par désir d'expérience personnelle, je peux choisir la base de l'un de ces modèles si j'estime pouvoir réussir à lui donner l'expression exhaustive de mon propos. D'ailleurs, j'invente, comme tout auteur de poèmes peut le faire, des formes qui peuvent devenir un jour, pourquoi pas, des formes fixes pour ceux qui les aimeraient.

Je ne me préoccupe pas des diphtongues, appelées diérèses pour lesquelles on compte deux syllabes dans les mots qui contiennent deux voyelles qui se suivent ; à mon avis, cette règle perturbe la beauté rythmique d'un vers contenant un tel mot, puisqu'à notre époque nous ne les prononçons pas en deux sons. Victor Hugo, par exemple, compta deux syllabes dans le mot « lion » de l'un de ses poèmes, mais peut-être qu'à son époque les gens prononçaient li-on. Je ne m'occupe ainsi que de la prononciation actuelle des mots qui ont deux et parfois trois voyelles qui se suivent et non des règles classiques à ce sujet. « Lion » et « mieux » sont des mots qui ne créent qu'un seul son, et par conséquent, qu'une seule syllabe. Quand il y a deux sons dans la prononciation contemporaine de tels mots, cela arrive, je compte évidemment deux syllabes.

Je n'applique pas l'obligation d'écrire un mot commençant par une voyelle quand le mot qui le précède se termine par une voyelle alors qu'il est placé à la césure d'un vers. Je ne m'oblige pas à écrire après un mot finissant par deux voyelles, un mot commençant par une voyelle ; même si je respecte que des poètes utilisent ce genre d'obligation pour penser qu'ils écrivent ce qui est l'idéal en poésie que je considère, pour ma part, défavorisé par ce genre de règle.

Je ne cherche pas à éviter les échos qui sont des mots aux sons qui se ressemblent et placés dans un même vers ou dans deux vers proches l'un de l'autre. Je ne m'occupe pas d'éviter les mots qui contiennent des hiatus qui sont, selon les règles classiques qui n'en tolèrent que quelques-uns, des heurts entre deux voyelles dans un ou deux mots tels que « aérée » et « il y a ». Si mon poème l'exige, j'unis une rime masculine à une rime féminine quand leurs sons et leurs sens enrichissent mon propos. Qui plus est, cela me semble ainsi correspondre à la loi la plus puissante de la nature ! Pour les mêmes raisons de richesse de sens, je ne me préoccupe nullement de l'interdiction de lier des rimes au pluriel et au singulier. Je rejette les licences que s'autorisent un peu facilement les poètes classiques qui changent ainsi l'orthographe des mots. Et j'évite le plus possible les enjambements, les rejets et les contre-rejets qui découpent les phrases en morceaux pour utiliser les derniers mots de ces parties de phrases en tant que rimes.

En ce qui me concerne, je tente simplement d'atteindre, à ma manière, la plus belle union possible de sens et de sons pour chacun de mes poèmes et j'espère, chère lectrice et cher lecteur, que vous penserez que j'ai eu raison !

CONTENU

Ce livre propose un voyage contemplatif au sein de la nature qui compose notre merveilleux monde.

Dans l'existence moderne, habillée d'immeubles et de béton, de routes et de ponts à l'intérieur des villes qui ont écrasé les forêts et les sentiers d'une campagne disparue, l'habitant n'a que peu l'occasion de communier avec la splendeur de cette nature qui, pourtant, est la source de son corps et de son expérience humaine.

Un poète est comme un photographe littéraire qui compose par ses mots, les images sensorielles et émotionnelles de ce qu'il contemple, afin de transmettre ces clichés positifs au lecteur de ses vers. C'est une tentative de révéler, à son lectorat, les sentiments et les émotions que celui-ci a pu mémoriser sans vraiment s'en souvenir. C'est essayer de réveiller la richesse mémorielle, ou, simplement, de laisser découvrir par la lecture, les trésors de la beauté infinie de la planète.

Dès qu'une personne s'est émerveillée de ce qu'elle a regardé, elle est devenue une créatrice de poésie en sa conscience, lorsque l'on comprend qu'une partie de l'écriture poétique est la perception et l'expression de ce qui est merveilleux.

La deuxième partie de l'ouvrage, est la présentation de poèmes amusants ou humoristiques, présents dans les précédents recueils et rassemblés, ici, pour amuser le lecteur de manière plus intense.

Le besoin de sourire et de rire est salvateur pour l'esprit ; cela détend et rend le moral meilleur voire positif. Un poète peut-il déroger à ce processus psychologique et, plus, doit-il le faire au nom d'une décence sociale ? Ce qui semble constructif, est de privilégier le bon humour, c'est-à-dire celui qui ne se moque pas de qui que ce soit qui pourrait, par sa situation particulière, inciter le plaisir malveillant d'en rire sans les précautions qui permettent de protéger sa dignité.

On ne peut pas rire, en fin de compte, du malheur d'autrui si cela peut lui causer du désagrément ou des moqueries, à moins évidemment que la mentalité du rieur soit encline à la malveillance.

Par conséquent, dans ce livre, les poèmes d'humour sont tous indépendants des situations de personnes précises ou particulières et trouve leur cocasserie, dans des faits qui n'en concernent aucune !

CONTEMPLATIONS

LES MERS

Les mers limpides de ce monde, coulent en nos corps
Par nos cellules qui sont avec elles en accord ;
Bercent nos âmes par les flux et les reflux sonores
Des vagues musicales qui viennent mourir aux ports.

Les mers nous enchantent de leur claire essence liquide,
Glissant entre nos mains qu'elles rendent toujours humides
Et lavent nos cœurs comme une source pure et limpide,
Qui inonde chaque endroit de l'être, jusqu'à nos rides.

Les mers sont celles qui furent la matière première,
Qui chantent quand elles passent sur les galets et pierres.
Elles dansent avec les forts vents qui leur font la guerre
Par tempêtes ou typhons, mais qui ne les usent guère.

Les mers sont sûrement la matrice de notre monde
Où d'innombrables créatures naissent, vivent et pondent.
Elles couvrent de leurs fluides les profondeurs du temps,
Et forment les nuages pour arroser les printemps.

Les mers, du fond des âges, nous parlent des origines
Que notre intuition nous révèle être vraiment divines.
Elles déversent leur force dans les flots de nos veines,
Et elles glissent sur nos joues quand nous sommes en peine.

Les mers palpitent d'étincelles dans l'aube des jours,
Immenses et pleines et profondes comme l'amour.
Elles posent à l'horizon nos regards temporels
Et, plus loin, nos pensées, car elles leur donnent des ailes.

L'HIVER

L'étroite allée bordée de feuilles semble dire :
Vois ces arbres devenus des statues de cire ;
Serait-ce l'hiver advenu qui paralyse
Ces géants abandonnés sous la fraîche bise ?
Sur leurs branches perlaient des gouttes de rosée
Qui gelèrent alors de s'y être exposées.

Un espoir, le soleil luit encore d'automne,
Mais déjà, les pinsons et les moineaux frissonnent.
Les oiseaux migrateurs déploient soudain leurs ailes,
Abandonnant les nids que choyaient les femelles.
Les maisons font du ciel un espace animé
Par leurs sinueuses colonnes de fumées.

Le vent virevoltant dessine son chemin
En paraissant tenir la neige par la main.
Il danse avec elle en suivant le chant des merles,
Et la dépose au sol en un tapis de perles.
Une blancheur immaculée s'étend sur tout,
Et la nature arbore l'unité partout !
Vêtue comme une mariée, elle embrasse alors
L'hiver venu la faire briller, tel de l'or,
Ou scintiller en maints endroits par ses diamants,
Flocons purs, pour elle des doux baisers d'amants !

PROMENADE À LA CAMPAGNE

J'aime la pluie qui plane
Dans le doux vent qui flâne ;
L'abeille qui se pose
Sur une fleur éclose.
J'aime l'éclat des roses
Qui, au jardin, s'exposent,
Étoiles de la terre,
Aux papillons qui errent.
J'aime le chant des pierres
Qui se frottent aux rivières,
Et celui des oiseaux
Nichant dans les roseaux.
J'aime les arbrisseaux
Qui boivent aux ruisseaux
Quand décorent les prés
Les bétoines pourprées.
J'aime l'odeur des bois,
Qu'un chien au loin aboie,
La course d'un lapin,
Les blés qui font le pain.
J'aime la libellule
Qui comme une virgule,
Ponctue l'eau d'un étang
Quand elle en a le temps ;
La bise qui caresse
L'herbe qui se redresse
Puis se penche vers moi
Comme si j'étais son roi !

LA ROSE

La tige, lumineuse et verdoyante,
Frissonne sous la bise matinale.
Le soleil, de sa clarté flamboyante,
Réveille la fleur et l'arbre vernal.

La corolle, alors, ouvre ses pétales
Comme des bras légers et colorés
Qu'elle écarte vers le ciel qui s'étale
Au-dessus des vastes prairies dorées.

Elle offre son parfum et sa beauté
Au vent, aux bourdons et aux papillons
Qui s'enivrent d'elle à satiété,
Et la quittent en quelques tourbillons.

Sous l'astre qui la peint, elle demeure,
Décorant le monde par sa joliesse,
Puis, après quelques beaux jours, elle meurt
Sans que l'été en perde son hardiesse.

Tels sont les grands pouvoirs du Créateur
Au talent unique et illimité,
Qui, en ces œuvres dont il est l'Auteur,
Prouve qu'il est la seule Autorité !

SONNET MARITIME

La mer fait glisser ses rouleaux et son écume
Sur son propre corps d'eau, par ses flux et reflux,
Comme peut descendre et remonter une plume
Emportée par le vent au gré de son influx.

La mer, dans les tempêtes et les ouragans,
Gonfle son ventre en imitant ceux des baleines,
Puis s'affale sur des navires arrogants
Qui se brisent tels des vases de porcelaine.

Au sein de sa vaste forme tumultueuse
Si ce n'est tranquille d'être enfin apaisée,
Ses hôtes s'aiment en danses voluptueuses,

Ou se dévorent, depuis l'aurore des temps,
Dans un ballet marin de morsures et baisers,
Tel le mouvement des hivers et des printemps !

AUBE

Le jour se lève et la lumière révèle les couleurs
Qui l'attendaient de l'horizon à tous les autres endroits,
Pour encore montrer les splendeurs des arbres et des fleurs
Qui se penchent sous le vent ou qui, puissants, demeurent droits.

À nouveau le peintre du monde réalise un chef-d'œuvre
En éclairant, de son pinceau rayonnant, toutes les choses :
Papillons, oiseaux, étangs, maisons, écureuils et couleuvres,
Tout ce qui bouge ou non, pris dans son talent de virtuose.

Les eaux scintillent et, claires, reflètent les paysages
Aux nombreuses nuances de coloration et de ton.
Les montagnes arborent leur somptuosité sans âge
Où viennent paître les chevaux, les chèvres et les moutons.

Chaque objet brille de sa différence et de sa présence,
Et s'expose aux regards des créatures qui le contemplent,
Conscientes plus ou moins avec difficulté ou aisance,
Que le soleil, ainsi, se construit chaque matin, un temple.

À l'intérieur de cet immense édifice lumineux,
Des êtres prient et communient avec la nature entière :
Lacs, prairies, fleuves et forêts de feuillus ou d'épineux,
Et perçoivent la source infinie qui nourrit la matière.

C'est ainsi que l'aube splendide nous sauve des ténèbres
D'où sont alors extraits les diamants de la diversité,
Puis, devenue jour, qu'elle s'abandonne aux ombres funèbres
Quand la nuit soumet à l'alternance de l'obscurité !

LE TRANSFERT

Au bord d'un beau sous-bois fleuri,
Une feuille d'arbre, ahurie,
Aimerait avoir de la voix
Pour dire ainsi son désarroi :

« La pollution troue mes nervures
Qui saignent, répandant leur sève,
Et périssent sous les morsures
Qui les souillent et les achèvent.

La pollution me fait mourir
Sans pitié de la part des gens
Qui aiment, souvent, se nourrir
De poisons pour des gains d'argent.

La pollution détruit mon art
Élaboré depuis des ères,
Pour m'obliger à mon départ
Et faire d'ici un désert.

Alors je me laisse cueillir
Par l'écriture de ces vers,
Pour tranquillement y vieillir,
Jusqu'à ce que vienne l'hiver. »

UN ASPECT DE LA VIE

Du dessus des falaises que sculpta la mer
En lançant ses flots, tumultueux et amers,
Sur la roche solide et pourtant si friable
Qu'elle s'effrite au vent en devenant du sable,
On peut voir en scrutant la surface des eaux,
Planer de façon élégante, des oiseaux.

En restant à contempler le sommet des vagues,
On prend conscience de mouettes qui zigzaguent
En suivant des poissons effrayés par ces ombres
Qui se jettent sur eux de partout, en grand nombre,
Et révèlent soudain leur blancheur de chasseur,
Aux hôtes des océans fuyant l'agresseur.

Se montre ainsi, de la vie, la danse macabre
Qui ne s'égare jamais en vaines palabres
Avant d'agir, par sa cruauté nécessaire,
En refermant ses mâchoires qu'elle resserre,
Sur ses proies, victimes de mort prématurée
Qui écourte, de l'existence, la durée.

Fougueux ballet de la nature qui s'expose
Au regard qui se fixe sur elle et s'y pose
En faisant partie de ce monde qui explose
En tous les lieux, comme en une fleur qui, éclose
Sur une magnifique plante carnivore,
Attire à elle des rougets qu'elle dévore !

LES FLEURS DU BIEN

Elles sentent bon, souvent,
Dans le vent qui voyage
Parfois jusqu'aux nuages
Dans le jour se levant.

Elles décorent l'ombre
Comme les endroits clairs ;
Égayent ou éclairent
Les prés ou les décombres.

Elles poussent partout
Pressées de vite éclore ;
Leurs corolles colorent
De tons joyeux surtout.

Ce qu'elles font le mieux,
C'est d'enflammer l'amour
Sans besoin de discours ;
Que l'on soit jeune ou vieux.

Elles peignent le temps
De couleurs d'arc-en-ciel,
Et leur rôle essentiel
Est de rendre content.

Elles sont vraiment belles,
Reflets de l'univers
Dans les bois et champs verts,
Écrins qui les révèlent !

DANS UN JARDIN MERVEILLEUX

Un temple bouddhique culmine et embrasse les nuages,
En la province du Shaanxi sur les monts Zhongnan de Chine,
Et si vous emporte, en ces lieux, l'élan de votre voyage,
Que ce soit à cheval, en avion ou en autre machine,
Vous ne vous douterez peut-être pas qu'un autre trésor,
Autant majestueux et certainement autant puissant
Que cet endroit grandiose imposant de prosterner le corps,
Attend que vous le contempliez en vous accroupissant
Afin de mieux voir la splendeur qu'il dépose chaque automne,
Depuis mille quatre cents ans qu'il vit en vrai dieu vivant,
Sans jamais se plaindre du froid et des orages qui tonnent,
Et exerçant sur les gens un magnétisme captivant.
C'est l'arbre de Ginkgo Biloba, immense jusqu'au ciel,
Bravant le temps et la mort sous le regard des joyeux moines,
Et qui laisse tomber au sol ses feuilles couleur de miel,
Mélangée à celle de l'or comme à celle de l'avoine.
Il dessine ainsi un cercle sur une herbe d'un vert pur,
Semblant bien être le reflet de son feuillage éclatant,
Pour sûrement nous révéler, par l'essor de sa nature,
Que ce qui est le bas est autant que le haut, important !

LA VOIE DU CIEL

Heureusement, lorsqu'en moi stagne la souffrance
Qui, de son noir épais, me conduit à l'errance,
C'est l'obscurité de la nuit qui apparaît
Quand enfin le soleil éclatant disparaît.

La voûte céleste remplissant mon regard
Qui, quelques secondes plus tôt, était hagard,
De ses multiples lucioles universelles
Ou anges aux ailes de mâles et femelles,
Recouvre de ses astres et de ses étoiles,
Le chagrin profond qui m'enrobe de son voile.

C'est à cet instant que face aux cieux infinis,
Je ressens que ma lutte, sur terre, est finie,
Tant cela montre enfin l'extrême petitesse
De mes limites qui m'écrasaient de tristesse.

Chaque point lumineux dans l'espace du soir,
Se multipliant tels des reflets de miroirs
Qui se renvoient tout ce qu'ils reçoivent en eux,
Semble défaire, en moi, l'ensemble de mes nœuds,
Et me rendre autant vaste que cet univers
Qui procure à mon esprit la joie d'être ouvert ;

Ce n'est qu'à ce moment de tendre infinité,
Que je sens recevoir du ciel, ma liberté,
Et pouvoir sauver mon être de ses douleurs
Qui le frappent et l'isolent dans le malheur ;

Puis le jour revient dans sa luminosité,
Et resplendit de son immatérialité
Pour éclairer le monde et animer les vies
Dont rien n'a le pouvoir d'arrêter les envies.

Si je suis heureux durant ces belles journées,
Il me faut me souvenir pourquoi je suis né :
Prendre conscience que le cosmos infini
Est à l'intérieur de soi et nous définit !

Mais si je suis mélancolique ou malheureux,
Je sais que dès le soir je pourrais être heureux
En contemplant cette vastitude des cieux
Dont les scintillements sont les appels de Dieu !

FLEUR

Qui connaît de toi la splendeur secrète
Dont l'action, malgré sa force discrète,
Crée la beauté de tout ce qui existe
Et ce qui, en toi, rayonne et persiste ?

Qui sait d'où provient ta grande puissance
Dont l'élan assemble pour les naissances,
Les éléments dispersés qui s'unissent
En des enfants que les prêtres bénissent ?

Des mains font de toi de plaisants bouquets ;
Te plantent sur des routes ou des quais ;
Te jettent en l'air pour que tu retombes
Sur des mariés ou au fond d'une tombe,
Et te cultivent pour des gains d'argent,
Ou te tissent sur des habits de gens !

Des yeux admirent tes belles couleurs
Qui illuminent des champs, les pâleurs,
Te contemplent en de nombreux endroits
Où, reine, le soleil devient ton roi,
Et t'absorbent quand tu es sur des toiles,
Peinte en grande rivale des étoiles !

Des nez s'approchent de tes ouvertures
Pour humer tes parfums de confitures,
Te sentent en soupirant de plaisir,
Te happent dans l'air par puissant désir,
Et te cherchent pour capturer l'odeur
Que tu sais produire par ton ardeur !

Mais qui connaît ton secret merveilleux
Que ne peuvent saisir les orgueilleux
Qui se vantent de savoir par les sens
Sans jamais saisir des choses, l'essence ?

Qui ? Si ce ne sont ceux qui communient
Par la pensée qui, à toi, les unit
Dans un silence où leur âme t'effleure
Pour découvrir ta vérité de fleur !

CLAIR DE LUNE

La lune lentement dans le ciel passe,
Me rappelant que je vis dans l'espace ;
Elle éclaire mon cœur de sa splendeur,
Et lui procure une meilleure ardeur !

Sur sa route en passant, elle dévoile
De brillantes et sublimes étoiles
Qui pétillent de beauté dans la nuit,
Et se reflètent même au fond des puits !

Agréable ambiance nocturne et tendre
Où, par sa magie, je me laisse prendre
Et douillettement porté jusqu'aux cieux,
Pour me sentir, alors, grand comme un dieu !

Me trouvant soudain face au satellite,
Peut-être dans un rêve au sein d'un rite,
Je me suis prosterné pour l'honorer
Et le remercier de son art doré !

Revenu ici comme auréolé
De son halo impossible à voler,
J'essaie, par l'écriture de ces vers,
De décrire l'éclat de l'univers !

À L'ARBRE HIVERNAL

C'est en marchant sur tes feuilles
Qui forment au sol un tapis,
Que je sais que tu t'effeuilles
Sans avoir eu de répit.

En piétinant ta parure
Que l'automne a vu vieillir,
J'en comprends ta pâle allure
Qui m'oblige à tressaillir.

Certes, c'est l'art des saisons
Qui décore ainsi le monde,
Pour suivre, à juste raison,
Les lois d'une terre ronde.

Puis regardant cet hiver
Qui cause alors ta laideur,
Je voudrais aussi lui faire
Ce qu'il fait avec froideur.

Mais pourtant je lui pardonne
Quand, parfois, il te redonne,
Par la neige qui t'habille
D'étoiles qui, là, scintillent
Sous les rayons du soleil,
Une beauté sans pareil !

ORAGE

Il semble que c'est un colosse de fumée
Qui, dans l'azur troublé, commence à s'animer
En levant son lourd glaive de foudre et d'éclair
Pour terrasser, au sol en un lieu qui s'éclaire,
Un mystérieux ennemi qu'on ne connaît pas
Et qui fuit alors, pour éviter son trépas,
De voir l'arbre brûlé devenu un squelette
Tel un poisson dévoré jusqu'à ses arêtes.

C'est l'orage qui vient de déclarer la guerre,
En fissurant le silence par ses tonnerres,
À tout ce qui se situe au-dessous de lui
Et sur quoi il déverse ses trombes et pluies,
Comme s'il voulait noyer des troupes entières
Prêtes à se défendre, en vaillantes guerrières,
Mais si mal armées contre ce géant du ciel,
Qu'elles ne peuvent pas vaincre l'assaut de son fiel !

Eau et feu, tels sont ses poignards et ses canons
Auxquels pas un être peut opposer un non,
Puisque cela fait partie des lois naturelles
Pour que la vie, sur terre, soit intemporelle
En renouvelant, sans cesse, ses énergies
Afin que partout puisse durer sa magie
Dont les œuvres habillent les monts et vallées
Selon des lois écrites par Dieu et scellées.

Le monstre rugit pour marquer son territoire
Qu'il occupe de ses épais nuages noirs,
Recouvrant de leur masse effrayante et lugubre,
Tel un amas de crasse obscure et insalubre,
Les prairies et les forêts autant que les villes
Dont les habitants refusant d'être serviles,
Se protègent de cette furie passagère
Que l'univers, pour les bienfaits du monde, gère !

Puis sa taille moindrit, comme un ballon crevé,
D'avoir coulé sur terre et abreuvé
De ses averses ou de ses trésors liquides,
Les arbres, les prés et les rivières limpides
Qui déroulent pour le bonheur des animaux,
Des hommes, des fleurs et la pousse des rameaux,
Leur silhouette sinueuse et élégante,
Aux doux reflets du soleil qui se représente !

NUAGES

Des formes mousseuses,
Coton dans le ciel
Ou masses spongieuses,
Non artificiels.

Des écrans filtreurs,
Eau des arcs-en-ciel,
Aspect de vapeur,
Non immatériels.

Ils sont dans l'azur,
Un genre de mur !

Des pare-soleils
Qui n'ont leur pareil
Pour tout rendre sombre
Sous d'immenses ombres.

Mais s'ils se déversent
En pluie ou averse,
La nature boit
Et de vie flamboie !

LA MER

Vagues et flots inlassables
Sur les cailloux et le sable ;
Miroir reflétant le ciel,
Aux liquides étincelles,
À l'écume aux bulles blanches ;
Houle douce et pourtant franche,
La mer toujours grise ou bleue
S'il fait soleil ou s'il pleut,
Au courbe horizon dessine
Son mystère qui fascine !

Elle pénètre en chaque esprit
Qui en est de suite épris,
Imposant l'infinité
Qui forme son unité,
De ses gouttes d'eau limpide,
Qui comblent d'elle les vides
Pour, en son immensité,
Façonner sa densité !
Seuls les marins la connaissent
Car c'est en elle qu'ils naissent !

LES NUITS

Noir presque pur,
Couleur obscure,
Durant des heures entières
Elles masquent la lumière.

Entrave optique,
Teinture unique,
Du pays qu'elles occupent
Par excès d'ombres qui dupent.

Étrangeté
De cécité
Qui peint sombrement l'espace
Quand, enfin, le jour s'efface.

Forcent la trêve
Pour que les rêves
Redécouvrent la clarté
Des âmes en liberté !

CIEL NOCTURNE

Ouverture vers l'infini universel,
Les cieux déposent dans les yeux contemplatifs,
Beaucoup plus scintillantes que les grains de sel,
Les splendeurs de moult étoiles aux éclats vifs.

Pouvoir cosmique défiant toutes les limites,
La puissance spatiale voyage vers tout,
Nourrit l'univers comme l'arbre, le palmite,
Et fait vibrer l'essence de la vie partout.

Qui oserait croire à l'unicité du monde
Lorsqu'il y a, pour l'esprit sain, cette évidence
D'une immensité sans fin que son regard sonde,
Fasciné et ébloui par tant d'abondance ?

L'espace intersidéral aux si nombreux astres,
Est bien le miroir de l'existence absolue
Dont parlèrent Jésus, Bouddha et Zoroastre,
Où tout se reflète comme Dieu le voulut !

PROMENADE MATINALE

Délicatement, un faisceau solaire
Traverse les pétales d'une fleur
Venant juste de les poser sur l'air
Pour révéler, par l'aube, leur couleur.

La lumière étale sur le gazon,
Sa brillance caressante et légère,
Puis à l'orée du bois, sur les fougères
Jusque sur les arbres et l'horizon.

Chaque animal et chaque végétal
Reçoit ce lumineux trésor doré,
Et l'étang, à la surface moirée,
Se pare d'iris aux jaunes pétales.

Des cris d'oisillons appellent de faim,
Les parents partis en quête de vers
Déjà nombreux au sortir de l'hiver
Dont le mois de mars a sonné la fin.

Un doux vent caresse les bergenias
Reflétant sur l'eau leurs corolles roses,
À l'instant où un papillon s'y pose
Avant que fleurissent les pétunias.

La nature, au cœur de l'écrin du monde,
Offre en maints endroits, ses belles parures
Qui Jaillissent de tapis de verdures
Par le pouvoir de la terre féconde.

MÉTAMORPHOSE

Lentement, patiemment, elle active ses mandibules
Et découpe la feuille qu'elle a choisie de manger
Pour nourrir son corps de chenille qui, là, déambule
Ou semble flâner sur un rameau, sans peur du danger.

Est-ce par sa lenteur, découragée de la subir,
Qu'elle décide, un beau jour, de créer sa chrysalide
Dont le processus insolite ne peut qu'ébahir
L'esprit pragmatique et bien évidemment non stupide ?

De ce choix magique, sa nymphe alors se réalise
Selon le dessin intérieur qu'elle a imaginé
Pour chacune de ses parties, qui se matérialise
Et lui permet, alors, d'être une seconde fois née.

Puis, à l'aurore d'un nouveau jour, son abri s'entrouvre
Comme une rose ouvrant sa corolle en offrant son cœur
Au soleil qui vaillamment l'illumine et la découvre ;
Et un merveilleux papillon s'en dégage en vainqueur !

Telle une fleur volante qui déploie soudain ses ailes,
Il se dépose sur le vent qui passe près de lui
En soufflant plus vite qu'une personne qui anhèle,
Et, libre, il disparaît avant que ne tombe la pluie !

LA ROSE

La rose apparait dans l'aube du temps
En pénétrant la clarté du printemps,
Et offre, à la lumière, sa beauté
Qui parait les jardins des royautés !

FLEURS DE COTON

Légères dans le vent qui se promène,
Les fleurs de cotons, au champ, se démènent,
Semble-t-il, en dansant, pour être vues,
Alignées comme l'exigent les revues !

ÉCOLOGIE

Si les hommes aimaient les arbres comme leurs mains,
Il y aurait, pour la planète, des lendemains
Qui chantent comme l'écrivit un politicien écrivain,
Et l'espoir d'un monde meilleur ne serait plus vain !

SPECTACLE NOCTURNE

L'un des plus beaux panoramas que j'ai pu voir,
Fut les milliards d'étoiles de la voie lactée,
Qui s'étendaient dans les vagues du cosmos noir,
L'Himalaya semblant les avoir éjectés
De ses sommets dont la neige est immaculée
En sa scintillante blancheur non éculée.

Comment pouvoir décrire une telle émotion
Tant sa splendeur est d'une puissance infinie,
Si ce n'est par l'incommensurable ambition
Du poète dont l'art ne peut être fini
Que lorsqu'il n'aura plus son cœur posé sur terre
Pour en dépeindre les beautés et les mystères.

Il y avait, là, ce seigneur blanc montagneux
Couronné par la scintillante galaxie,
Telle l'œuvre d'un artiste peintre soigneux,
Au talent issu d'un état d'ataraxie
Indispensable afin de pouvoir retranscrire
Un tel faste céleste émouvant à écrire !

Ma conscience reflétait ces diamants du ciel
Dont la nuit était l'écrin de mise en valeur ;
Et leur mille éclats aux couleurs des arcs-en-ciel
Ne pouvaient faire de moi leur vil recéleur
Car j'avais, de suite, l'envie de dire au monde
Que dans nos cieux les somptuosités abondent.

Quel grand bonheur d'exprimer ces magnificences
Que l'univers expose en son infinitude,
En émerveillant autant l'âme que les sens
Sans jamais être la cause de lassitude ;
Et quel grand enseignement pour l'esprit humain,
Qui peut ainsi récolter plus que par ses mains !

L'univers est une énigme pour la conscience
Et une beauté qui ne peut avoir de fin,
Malgré les nombreux efforts des hommes de science
Qui cherchent à rassasier de leur cœur, la faim ;
C'est une très grande chance de le savoir
Pour trouver, en soi, l'être plutôt que l'avoir !

LES VOLCANS

Parfois en paix, parfois en colère,
Ils rappellent qu'au centre de la terre,
Un feu sans fin consume des matières
Qui en sortent et deviennent des pierres !

LES FLEURS

Que les fleurs sont belles, vêtues de leurs couleurs
Qui illuminent dans le monde, ses pâleurs
Et font danser sur leurs corolles, les abeilles
Et les papillons qui sont autant de merveilles !

MÉDITATION FORESTIÈRE

Voyez le ruisseau qui glisse dans la forêt,
S'écoulant de son limpide flot, sans arrêt,
Et qui creuse le sillon dans lequel il court
Pour faire voyager son eau en son parcours.

Sentez les narcisses épanouis près de lui,
Qui longent ses rives en s'abreuvant de pluie
Et qui colorent son périple de leur joie,
En l'accompagnant alors le long de sa voie.

Entendez les oiseaux qui chantent leur refrain
En suivant le rythme constant de son entrain,
Et le doux bruit de leurs ailes quand, en leur vol,
Ils suivent sa course pouvant sembler frivole.

Touchez, en pensée, l'étreinte de sa fraîcheur
Que viennent parfois craindre de frileux pêcheurs ;
Et lavez votre esprit en sa limpidité
Qui reflète de la nature, la beauté.

Puis en conscience, buvez sa tendre saveur
Pour purifier votre corps en serein rêveur ;
Et ressentez sa paix créer la vôtre, enfin,
Par l'essence cosmique sans début ni fin !

LES COQUELICOTS

Ils sont d'une grande splendeur lorsqu'ils bougent,
Frôlés par la bise, leurs pétales rouges,
En appelant les regards de leur couleur
Qui sait mettre le paysage en valeur,
Mieux qu'un peintre qui les imite parfois
En les déifiant pour leur offrir sa foi.

Leur famille de fleurs se nomme pavot
Et leur tige velue leur sert de pivot ;
Ils forment, dans les champs, d'immenses tapis
De coupes qui sont, entre elles, des copies
Dont la forme parfaite contient un fruit
Qui porte, en lui, un suc laiteux qui détruit.

Ce qui est une beauté dans la nature,
Peut être une dangereuse créature
Qui contient une substance narcotique
Dont les résultats, pour le corps, sont toxiques.
Mais Ève fit croquer à Adam, la pomme
Pour que du mal, le bien soit connu de l'homme !

Pages suivantes, voici le temps de sourire ou
de rire par des fantaisies !

HISTOIRE DE MOUCHES

C'était un jour dans ma modeste chambre.
Une société anonyme, louche,
Brandissait la pancarte de ses membres
Où était écrit : ici cité-mouche.

Il y en avait trois sur les fenêtres
Agitant leurs ailes de petits êtres
Et une escadrille, là, sur mon lit,
Qui me narguait par ses bruits impolis !

C'était un jour dans ma petite chambre.
Le vrombissement venant de ma couche
Etait cette fois au creux de mes membres,
Car j'avais fermé mes mains sur ces mouches !

Elles affichèrent dans leur prison :
Toujours cité-mouche en cette maison.
Mais là elles étaient en mon pouvoir
Et je sus agir pour ne plus les voir.

J'ouvris la fenêtre pour les jeter
Et en savourer ma tranquillité,
Quand, alors, d'autres près de moi, volèrent
Et cela me mit vraiment en colère.

J'installai une plaquette collante
Pour enfin y piéger ces insolentes.
Retrouvant la paix je pris une douche,
Heureux que soient finies ces escarmouches.

Soudain, pendant que je me reposais,
Une société vraiment diabolique
Se mit à vrombir et sans peur l'osait
En proclamant : ici cité-moustique !

AMUSANT

La chambre clignote car les bougies allumées
Font trembler leurs rayons de leurs flammes animées !
Un corps est allongé sur un vieux lit abîmé ;
Il est maigre et raide comme un grand roi embaumé.

Une femme est assise sur un banc près de lui
Et lit à voix basse pour ne pas faire de bruit.
Il semblerait bien que, dehors, chuchote la pluie
Pour aussi respecter le silence de la nuit.

Les bougies fondent très lentement et diminuent
En devenant de moins en moins grandes ou menues.
Pourtant la femme lit sans arrêt et continue,
Plissant ses yeux bleus dans l'obscurité advenue.

Alors d'un violent coup de reins le corps se redresse,
Se met en position assise et crie fort : Diablesse !
Ne vois-tu pas, servante, que la lumière baisse ?
Cherche d'autres bougies et qu'elles brûlent sans cesse !

Puis l'homme se recouche et dit la phrase suivante :
Ces pannes d'électricité sont très décevantes !

INTERDICTION

Stop ! Arrête de lire ce poème car il t'est interdit !
Ah bah oui, c'est comme ça, pour celui-ci c'est ce que je te dis !
Je t'y prends à vouloir continuer, hep, je t'ai vu, tu continues,
C'est comme si tu regardais quelqu'un chez lui se promenant nu !
Est-ce raisonnable de ne pas respecter son intimité ?
Non bien sûr, tu le sais bien, donc apprends ce jour à te limiter !
Hou ! Tu continues à lire mon poème, ce n'est pas bien du tout !
C'est comme un tricheur aux cartes qui cache dans sa manche un atout !
C'est plus fort que toi donc, comme un enfant qui vole des confitures.
Arrête ! Sois sérieux, va à une autre page de ta lecture !
Tu verras, mes autres écrits sont bien plus riches que celui-là ;
Il te suffit avec un doigt de tourner cette page et voilà.
Oh la la, mais tu insistes, tu ne comprends pas ce qu'est ton rôle !
Cesse de lire ces lignes car je ne trouve pas cela drôle !
C'est du viol de poète, oui, je dirai même de l'insurrection.
Franchement mon gaillard, tu prends une très mauvaise direction !
Et tu ris en plus, non mais je rêve, attends qu'un jour nous nous voyons
Et tu verras quelle puissance, nous les auteurs, nous déployons !
Je ne vais pas me laisser faire par un lecteur si assidu
Qui parce qu'il a acheté mon livre, pense que c'est son dû !
Stop ! T'ai-je dit ! Cela devient incroyable que tu lises encore !
Change d'horizon, change de lecture ou mieux, change de décor !
Ah, ça y est, tu as compris la pertinence de mes propos,
Tu t'en vas, tu ranges mon recueil. Pourquoi ? Pour prendre du repos ?
Non reviens, je plaisantais, je t'autorise à lire ce poème.
Allez, sans toi je ne suis plus un auteur intéressant qu'on aime !
Ne pars pas ! Lis-moi ! Relis-moi toujours ! Je viens vers toi et j'accours !
Je te ferai une dédicace aussi longue qu'un grand discours !
Reviens ! Tu es parti. Est-ce terminé, notre histoire d'amour ?
Et bien je te le dis, tu n'es pas un lecteur qui a de l'humour !

FANTAISIE

C'est l'histoire d'un jeune homme loufoque
Qui découvrit au creux de ses oreilles,
Histoire drôle, dirais-je, ou baroque,
De la cire de couleur jaune abeille ?

Il prit peur en pensant que cette cire
Indiquait la présence des insectes
Qui, à son humble avis, pouvaient l'occire
Par le poison de leur dard qu'ils injectent.

Alors il fouilla de façon violente
Ses oreilles jusqu'au fond, sans répit
Et advint, par cette action virulente,
Qu'il perça ses tympans puis s'assoupit.

Ainsi devenu sourd sans le savoir,
Il ne put entendre un bourdon bruyant
Ni, par le fait d'être endormi, le voir,
Qui le piqua et rit en s'enfuyant !

VOYAGE IMAGINAIRE

Le moyen de transport le moins coûteux
Est peut-être la bulle de savon.

Vous faites un rond clair et non laiteux
Où soudain les rayons solaires vont.

Vous y prenez place aussi aisément
Que sur le fauteuil de votre salon.

Vous ouvrez grand vos yeux assurément
Pour tout voir, fleurs, papillons et frelons,

Ou bien ruisseaux, montagnes et forêts
Puisque c'est vous qui décidez de tout :

Que ce soient les parcours ou les arrêts
Car vous pouvez aller vraiment partout !

Vous ne risquez pas de panne d'essence,
Ni de stagner dans un embouteillage ;

Vous ne subirez aucune affluence,
Ni devant vous ni dans votre sillage,

Car j'affirme qu'il y a peu de gens
Qui croient au pouvoir de la poésie.

Et même, beaucoup d'entre eux, affligeants,
Osent dire qu'elle est une hérésie !

Profitez donc au maximum, ainsi,
Du bonheur si doux de votre excursion.

Et si la bulle éclate, aucun souci,
Refaites la avec plus de passion !

L'OMBRE

Marchant dans un désert de sable ou de sel,
Mon ombre me suit, pleine, obscure et fidèle,
S'accrochant à mon corps comme une ventouse,
Même quand je saute sur une pelouse.

Elle m'aime et ne me quitte jamais,
Et tout ce que je fais, elle aussi le fait.

Elle s'intègre parfois à d'autres ombres,
Et montre le chiffre en effaçant le nombre
Puisqu'elle réussit à bien s'unifier
Avec ce qui est sombre auquel elle est liée.

Mon ombre ne pourra jamais m'éviter
Ou avoir une quelconque liberté,
Ni présenter d'autres poses que les miennes
En suivant mes gestes qui vont et qui viennent.

Rassurante en me démontrant que j'existe
Car sans moi rien de ce qu'elle est ne subsiste,
Mon ombre est, sous le soleil, mon négatif
Dont dessine les contours, mon positif.

Elle s'étale où je passe et où je m'installe,
Sur des murs, des meubles, des sièges ou des dalles.

Elle disparaît dans le vent ou le vide,
Et elle est de mon âge mais sans les rides ;
Oui, elle dépend de tout ce que je suis
Puisqu'elle est pour moi ce qu'au jour est la nuit.

Si vous la voyez passer, soyez certains
Que je suis près d'elle, car c'est son destin !

LETTRE D'AMOUR MATÉRIALISTE

Mon cœur est à toi !
Ma bouche est à toi !
Mon corps est à toi !
Mon âme est à toi !

Mon destin est à toi !
Mes désirs sont à toi !
Mes plaisirs sont à toi !
Mes matins sont à toi !

Mes joies sont à toi !
Mes envies sont à toi !
Ma vie est à toi !
Mon esprit est à toi !

Tout est donc à toi !
Sans qu'il y ait un manque !
Non ! Car je le dois !
Pas mon gros compte en banque !

PONCTUATIONS

Nous le savons, écrire un texte sans une virgule,
Serait implicitement un choix des plus ridicules
Si celui-ci, avant de se terminer par un point,
Avait des pauses comme au vers ci-dessus au mot point.

Évidemment, nul besoin d'abuser des points-virgules,
Même si cela rythme bien le texte ou le régule ;
Autant pour le célèbre duo des deux fameux points
Lançant des discours comme lancent des rues les ronds-points.

Il est commun d'utiliser des points de suspension,
Mais on ne doit pas avoir pour eux trop de propension ;
Cela dit entre nous ou peut-être entre parenthèses,
Puisque le lecteur s'en lassant n'est qu'une hypothèse !

Pensons…Dès l'admiration, c'est un point d'exclamation,
Et dès une question, c'est un point d'interrogation !
C'est facile à comprendre, mais concernant les tirets,
Pourquoi peuvent-ils prendre la place des guillemets ?

Disons : « C'est plus facile d'écrire un trait que deux traits ! »
Listons : - Les sortes de points et virgules et après :
- Tirets et guillemets, parenthèses et majuscules,
Ces grandes dernières qui dominent tout comme Hercule !

Voilà une discussion avenante et sympathique,
Une synthèse rapide de ces faits théoriques,
Un essai de transcrire poétiquement cela,
Et de plaire au lecteur sans, bien sûr, chercher au-delà !

HUMOUR CYNIQUE

Sous son immense pierre tombale
Où l'on ranime toujours la flamme,
Le soldat inconnu gît, très pâle,
Et souffre de son douloureux drame !

Ne supportant plus d'être inconnu,
Il désire incessamment sortir
De ce lieu et, au plus loin, partir,
Malgré qu'il soit squelettique et nu !

Il sait que, devant lui, se prosternent
D'importants hommes et présidents,
Et cela le fait grincer des dents
Si ce n'est hurler de sa voix terne :

« Donnez-moi un nom, je vous en prie,
Pour services rendus à la France,
Afin qu'un autre que moi soit pris
Dans ce piège funeste à outrance ! »

Mais personne ne l'entend crier
Sous cet Arc de triomphe et de paix,
Ni ne l'entend pleurer ou prier
Tant ce qui le recouvre est épais !

SUR UNE PLAGE

Sous le soleil chaud,
Je chauffe ma peau
Sans même un chapeau
Ni même un poncho !

Je vois des bateaux
Passer sur les eaux,
Petits, grands et beaux
Aux nombreux drapeaux !

Assis sur le sol,
Sable sans défaut,
J'entends aussitôt
Le vers sonnant faux ;
J'achète illico
Un grand parasol,
Très cher et très haut,
Dont le manche est beau !

Morale à propos :
Écrire des mots
Qui riment en o,
N'est pas du repos
Ni même un cadeau ;
C'est même un fardeau
Qui, tel un impôt
Ou même un escroc,
Fait perdre, en euros,
Un petit magot
Qu'on gardait, nigaud,
Tel son œuf l'oiseau !

PENSÉES NATURELLES

Est-ce qu'un papillon est une fleur
Qui a coupé sa tige, ou est-ce un leurre ?
Est-ce qu'une fleur est un papillon
Qui agrippe un mât tel un pavillon ?

Simple point de vue direz-vous peut-être,
Si ce n'est qu'ils s'imitent pour permettre
Au poète d'écrire quelques vers
Ne distinguant plus l'endroit de l'envers.

Le papillon se pose sur la fleur,
Et cela fait un bouquet de couleurs !

TRAVAILLER POUR DE L'ARGENT

61

Le premier des jours ennuyeux, lundi ;

La continuité morose, mardi ;

Les tristes servitudes, mercredi ;

La fatigue corporelle, jeudi ;

Faire encore des efforts, vendredi ;

Enfin le repos voulu, samedi ;

Je n'ai plus d'inspiration pour dimanche,
Quelle infamie, demain lundi, je flanche !

LA MORT DU POUVOIR

Je marchais, mais sans me presser,
Dans les ruelles de Paris
Où le pauvre vient s'empresser
De jouer, miser ses paris,
Dans les kiosques et les bars à jeux
Dont le dépouiller, est l'enjeu !

Quand....soudain, je vis sur le sol
Un billet de cinquante euros,
S'exhibant tels des tournesols
Paradant dans les champs floraux !

Je voulus m'emparer de lui
Quand je remarquai, sur ses bords,
Du sang qui s'écoulait sans bruit
En annonçant pourtant sa mort !

L'argent mourait donc lentement,
Et, dans son agonie vulgaire,
Il pressentait l'enterrement
De son pouvoir, cause de guerres !

Alors, les bras en l'air, hurlant,
J'ai annoncé cette nouvelle
À tous les gens, les appelant,
Leur criant que meurt Machiavel !

Mais peu d'entre eux m'ont entendu,
Et ma voix usée s'est perdue
Au sein des foules, dans le vent,
Comme si je n'avais rien dit ;
Cela fut pour moi décevant,
Et je me suis pensé maudit !

Mais vous qui me croyez vraiment,
Annoncez-le au monde entier !
Faites-moi vite le serment
De le dire à tous, par pitié !

Hé ! Oh ! Patrick ! Réveille-toi !
Me réveillant alors surpris,
Je sus avoir rêvé, pantois,
Et que tout vint de mon esprit !

AMIS OU ENNEMIS ?

Si les amis de mes nombreux amis
Sont, en conséquence, aussi mes amis,
Les ennemis de mon peu d'ennemis
Sont-ils également mes ennemis ?
Il semblerait qu'ils soient plus mes amis,
À moins qu'ils soient aussi mes ennemis
Tout en étant ceux de mes ennemis,
Hormis s'ils étaient déjà mes amis !

Il vaudrait mieux n'avoir que des amis,
Ce qui règle le cas des ennemis ;
Mais dans celui de l'un de mes amis
Qui serait l'ami de mes ennemis,
Est-il un traitre ou toujours un ami
S'il n'est pas envers moi un ennemi ?

Mais peut-être, aussi, qu'un de mes amis
Est l'un des ennemis de mes amis ;
Doit-il donc devenir mon ennemi
Pour que mes amis restent mes amis !

Je décide de devenir l'ami
De tous les amis et les ennemis,
Et de refuser d'être l'ennemi
De ceux refusant d'être mes amis !

DISTRAYANT

Quand je dis : c'est moi,
C'est-à-dire je suis,
C'est donc être soi
Et n'être pas lui.
Lui c'est ainsi l'autre
Qui n'est donc pas soi,
Et qui, étant l'autre,
N'est vraiment pas moi !

Moi c'est savoir être
En disant je suis,
Mais étant peut-être
Aussi un peu lui ;
Car on se ressemble
Quand on se rassure
En vivant ensemble,
Puisque c'est plus sûr !

Vraiment que ce soit
Lui, l'autre ou bien moi,
Nous sommes issus,
Pour la même issue,
De la terre où naître
Est pour se connaître ;
Moi, toi, soi ou lui,
Sans elle on s'ennuie !

LE MASOCHISTE

Voici l'histoire d'un masochiste
Se délectant d'ardentes souffrances,
Qui écrivait sur sa longue liste,
Les maux désirés pour sa jouissance.

Voulant souffrir toujours plus, encore,
À la recherche de l'impossible,
Il présentait aux malheurs, son corps,
Pour y faire entrer le plus terrible.

Les prières de sa perversion
Mendiaient l'endroit de sa perdition
Où il pourrait se bannir lui-même,
Et se composer un requiem.

En écho pervers de son délire,
Il lança un appel aux démons
Pour qu'ils viennent le faire pâlir
Par leurs sévices ou leurs sermons.

Il sentait que s'approchait sa mort,
Goulûment et affamée de lui,
Alors il pria pour que son sort
Soit d'être en enfer où le feu luit !

Au moment où son cœur s'arrêta,
Il se sentit quitter la matière,
Et arriver vite juste là
Où il n'y a pas de cimetière.

L'endroit somptueux s'ouvrit alors,
Le laissant déguster sa surprise
Qui brillait plus que tous les trésors
Qui ont sur les gens, beaucoup d'emprise.

Il découvrit ainsi, comme en transe,
Puisqu'il désirait être maudit,
La plus grandiose de ses souffrances
Car flamboyait le mot : Paradis !

FANTAISIES FRANÇAISES

Le plus long de tous les palindromes français
Est : « ressasser » qui se lit donc dans les deux sens.
L'anagramme du mot guérison, qui le sait ?
C'est : « soigneur » aux mêmes lettres, c'est du bon sens.
Délice et amour sont de genre masculin
Mais ils sont féminins lorsqu'ils sont au pluriel ;
Étonnant stratagème apparemment malin,
De l'union des opposés qui sont essentiels
Car c'est l'amour qui les unit avec délice
Et qui parfois, les rend l'un envers l'autre, esclaves.
Le seul mot qui contient un « u » avec malice
C'est : « où » car c'est le seul qui a un accent grave.
Squelette est le seul terme masculin en « ette »,
Peut-être parce qu'il est difficile de voir,
Dans ceux conservés d'anciens coquets et coquettes,
Quel sexe pouvaient-ils donc l'un et l'autre, avoir.
Des anagrammes sont parfois paradoxaux
Tel : « endolori » qui est celui d'indolore ;
Sont-ils donc issus des mystères abyssaux
Qui nécessitent que la science les explore ?
Par exemple étudions le gentil mot oiseau :
Ses lettres ne sont aucunement prononcées
Au contraire, par exemple, du mot roseau
Et bien d'autres mots qui lui ressemblent assez.
Il y a même le plus long des lipogrammes,
Qui est le mot : « institutionnalisation » ;
Rien que pour le prononcer, c'est vraiment un drame
Si l'on n'a pas une bonne concentration.
Ce poème est fait pour amuser le lecteur
Et pour que son humour didactique prospère
Jusqu'à être lu, au public, par un acteur,
Ou à des enfants, par leur mère ou par leur père !

****

****

****

CONTEMPLATIONS ET FANTAISIES

****

****

****

Patrick Édène